..and I said to myself
what a wonderful world

Lyrik

Harald Birgfeld

Harald Birgfeld, geb. in Rostock, lebt seit 2001 in Heitersheim. Von Hause aus Dipl.-Ingenieur, befasst er sich seit 1980 mit Lyrik. Von ihm erschienen:
"Auf deiner Reise zum Rande im Rande des Randes der Sonne", Gedichte,
„Für dich...“ Liebesgedichte,
„Gedichte, veröffentlicht in ausgewählten Anthologien, und Namenlos von meiner Insel, 42 Briefe“, Lyrik.
In mindestens 23 Anthologien ist Birgfeld mit Gedichten vertreten. Außerdem:
„Die Tätowierungen der jungen Tanja W.“, Prosa.
Harald Birgfeld schrieb seine Gedichte, inzwischen mehr als 12.000 Strophen, überwiegend während der Fahrten in der Hamburger S-Bahn zur und von der Arbeit.

Aus einem Gutachten einer an der Universität Freiburg tätigen Literaturwissenschaftlerin:
"Es lohnt sich, einmal einen heutigen Dichter kennen zu lernen, der mit der deutschen Sprache einen faszinierend fremden Weg betritt und trotzdem dem Leser Freiraum lässt für eigene Gedankengänge, ohne dass die Probleme in erhobener Zeigefingermanier zu zeitkritischen Trampelpfaden werden."
Inhaltsangabe:
Im vorliegenden Band werden 36 Gedichte mit fantastischen Inhalten vorgestellt. Viele der Gedichtüberschriften lassen bekannte Märchen vermuten. Es ist daher spannend und aufregend, diese einmal aus völlig anderer Sicht und in einer anderen Form erzählt zu bekommen.

Herausgeber, Autor, Redakteur: Harald Birgfeld,
e-mail: *Harald.Birgfeld@t-online.de*
Im Internet unter: www.Harald-Birgfeld.de

Herstellung und Verlag:
BoD - Books on Demand, Norderstedt
ISBN 9783735739179

Inhaltsverzeichnis .... Seite

Aschenbrödel

Aschenbrödel geht mit ihrem
Rucksack ins Theater, zum Ballett,
Sitzt dort im Publikum und
Trinkt aus einem Campingbecher Nesseltee.
Sie trägt heut einen kurzen, keuschen Zopf
Und einen roten, selbstgestrickten Pulli
Und darunter gar nichts,
Das fällt auf.
Der Prinz auf ihrer Bühne wird von ihrer
Stieffamilie, Mutter und zwei Schwestern,
Arg bedrängt,
Auch weiß er nichts von ihr.
Sie weint.

Von oben lässt man an dem
Seil der Unvernunft ein Kleid und Schuhe
Wie aus Glasstaub nieder.
Die darf sie nun tragen und
Betritt die Bühne, tanzt und nur mit ihrem
Prinzen und bleibt ihm doch fremd.
Sie liebte ihr Zuhause und die Ärmlichkeit,
Litt alle Schmach, die ihre Stieffamilie
Über sie je brachte.
Sie ist brav.

Um Mitternacht ist ihre Zeit vorbei.
Das Seil zieht alle Habe wieder hoch
Und nur ein Schuh fällt in die
Hand des Prinzen.
Der erkennt die Zuversicht der schönen
Fremden und auch seine Leidenschaft,
Er findet ihren Fuß, dem passt der Schuh.

Die Bühne ist zu klein für so viel Glücklichsein.
Doch noch im Rampenlicht verurteilt sie
Als Strafgericht die
Mutter und die bösen Schwestern.

Chile, 2010, oder „Seht sie an, die Schöne, Neue Welt."

Ich trage nur zum Schutz die schwarze Sonnenbrille.
Ich war Bergmann unter Tag
Und kam nicht wieder hoch,
Und ich war nicht allein.
Der Weg zum Tageslicht war eingebrochen.
Unumstößlich sperrte uns der
Steinschlag für die nächsten
Tausend Jahre ab vom Oben.
Dort war niemand mehr, der unser
Leben noch erahnen konnte.
Das verbrachten wir, im schwachen Schutzlicht
Und bei Vorratsteilung, als den
Rest der Tage, und der konnte lange, lange
Währen, und wir waren dreiunddreißig hier im Schacht,
Tief unter jeder Denkbarkeit.

Wir gaben uns die Täglichkeit und
Nächtlichkeit nach einer Uhr, die musste einer
Führen, und wir hatten reichlich Wasser, Licht und
Luft und Nahrung, die für Jahre reichen könnten,
Wie zum Spott.

Dann, eines Tages, kam der schwache Schein von
Hoffnung, uns und unser Klopfen hatte man gehört,
Doch dieser Hoffnungsschein entwickelte sich uns zur
Hoffnungslosigkeit, weil er aus
Undenkbarem und Unmöglichem bestand,
Zu tief war unser Schacht gelegen,
Und zu arm war jeder, der uns hätte helfen wollen.

Noch ahnte keiner unter uns, dass sich
Ein ganzes Volk dort oben und weit über sich hinaus
Erhoben hatte und den
Langen Finger durch die Erde und Gestein
Bis hier nach unten bohrte
Und den Schacht auch traf und jeden,
Wie in einem Rettungshalm, damit zu sich

Empor, nach oben, zog und nur das eine wollte:
„Seht sie an, die Schöne, Neue Welt."

Hänsel und Gretel

Sie war schon groß,
So groß, dass sie den
Kleinen Bruder auf den Armen tragen könnte,
Und sie hatte auch gehört,
Dass man sich fern in andren
Ländern täglich wusch
Und traute sich und ihrem
Brüderchen im Übermut
Mit ihrem T-Shirt und dem
Wasser einer Pfütze zwischen
Fernzuggleisen, wo sie beide lebten, schliefen,
Und auf Pappen wohnten,
Hände und die Wangen abzuwaschen.

Sie war glücklich hier und froh,
Und sie empfand es dankbar,
Einer lockenden, maskierten Frau,
Den Weg erst von dem Brüderchen
Und dann von sich so listig abzuschneiden,
Dass sie sie für dieses Mal und
Für die vielen andren Male
Überführen konnte,
Das mit einem kleinen
Stöckchen unter einem Überzug,
Der Blase eines Fisches,
Einem jungen, alten Trick,
Von dem sie wusste.

Sicher käme irgendwann einmal die
Mutter oder gar der Vater hier vorbei,
Um sie zu finden.

Des Kaisers Nachtigall

Mein großer Garten liegt
Wie heil
In einer Wald- und Wiesenlandschaft.
In dem Garten
Finde ich ein kleines Nest
Mit fingernagelgroßen Eiern
Und mit einem Kuckucksei darin,
Das überschattet alle,
Und die Vogeleltern
Ahnen nichts von dem Betrug.

Aus meinem Zimmer, weit in meinem Rücken,
Höre ich vom Bildschirm
Beifall klatschen.
Sicher ist ein großer Sieg
Errungen worden.

Spät, schon in der tiefen Dunkelheit,
Weckt mich aus einem Dämmerschlaf
Das helle Singen einer Nachtigall.
Sie ist mir gleich vertraut, ich kenne sie.
Ihr langes Lied und ihre Melodien, ihr
Schluchzen rühren mich,
Ich gebe gerne mein Versprechen,
Dass ich niemandem auch nur ein
Wort von ihr erzählen
Werde.

Schlaraffenland

Es ist sehr schwer,
Den Eingang in ein Land zu finden,
Das den Träumer seine Träume leben und
Die Wachen ihre Träume träumen lässt.
Sobald ein Jemand es jedoch erreicht,

Ist er gleich unter Gleichen.

Kleidung, Essen, alles Leben, alles
Denken werden angefüllt und angedient
Mit Köstlichkeiten eigenen Begehrens,
Was man machen möchte,
Ist bereits getan.

Es gibt auch keinen Zaun
Und keine Grenze um dies Reich.

Nur selten,
Wenn ein Träumer seine Träume nicht mehr
Leben kann und
Wenn ein sonst so Wacher seinen Traum verliert,
Wächst still ein Tunnel in ein wahrhaft
Unbegrenztes Land heran.
Der wird zum eigentlichen Eingang.

Dort erst, heißt es, ist man wirklich
Ohnegleichen
Im Schlaraffenland.

Es ging mir gut, sehr gut,
Und auch der
Wurm in mir war satt.
Die Gänge seines Fressens
Hinterließ er hohl.

In einem letzten Winkel hielt ich die
Erinnerung an die
Berührung mit Vertrautem
Fest.

Es ging mir wirklich gut,
Sehr gut.

Tanja stirbt

Alles, was ich über Tanja weiß, hat man mir
Mitgeteilt auf
Facebook, über E-Mail und per SMS.

Sie saß in einem komfortablen Vorstandszimmer
Und war eingestellt als rechte Hand des Chefs.
Sie traute sich zu wenig zu und war doch
Vorgesehen als die Frau, die hinhält, abwehrt,
Bucht, organisiert und immer einen guten
Vorschlag unterbreiten können sollte.
Wer hier Schule machen wollte, musste selbst
Geschult und fest gefügt sein und auch handeln,
Ohne dass der Chef es prüfen musste.
Dafür wurde sie zunächst trainiert.
Der Chef jedoch betrachtete sie gleich als seine
Eng Vertraute.
Sie kam gut voran und nach nur einem Jahr
Stand sie den meisten andren Frauen in der
Direktionsetage vor.
Was sie entscheiden ließ und selbst entschied,
Das wurde unauffällig und mit Spaß getan.

Sie war noch ziemlich jung und wagte,
Weil der Chef es wollte, sich mit ihm zu duzen.
Das war nicht so schlimm und später sogar gut,
Es hatte etwas Familiäres.
Das tat ihr besonders wohl.

In ihrer Firma hatte sie Gelegenheit, sich
Regelmäßig einer Ärztin vorzustellen, und im Rahmen
Und auch weil es möglich war,
Vorsorge zu betreiben.
Dabei stellte man ganz ohne, dass sie klagte
Oder ihr Befinden das begründete, in ihrer
Brust, in ihren Knochen, im Gehirn und in der
Lunge Krebs und dessen Metastasen fest.
Ihr Zustand galt als praktisch unheilbar.

Man gab ihr nur noch eins, zwei Monate.
Der Schock war viel zu groß, als dass sie das
Verstanden hätte.
Sie befragte ihren Chef.
Der hatte sich mit Krankenhaus und Sterben überhaupt
Noch nie befasst und fühlte sich zutiefst betroffen,
Überfordert,
So sehr, dass sie ihm in diesen Tagen den
Trost geben musste, den sie selbst nicht fand.
Mit ihrem Freund zusammen lud sie ihn und seine Frau
Zu einem Freitagabendessen in ein vielbesuchtes
Restaurant.
Dort mussten alle etwas warten, doch dann wurden
Plätze frei.

Sie war gepflegt und fröhlich, aß auch gut und
Trank ein wenig.
Auf sie fiel ein Sonnenschein.
Die Gäste atmeten erleichtert auf.

Das Wochenende war vergangen, und der
Chef vermisste sie am Montag, weil sie immer
Noch zur Arbeit kam.
In seinen Mails, die er heut selber lesen musste,
Fand er eine schlimme Nachricht von dem Freund, dass sie
Am Sonntag in der Nacht im Krankenhaus verstorben sei,
Schon Dienstagmorgen wäre die Beerdigung.

Er stand das erste Mal an einem Grab.

Seit diesem Tag verspürten beide Männer
Etwas wie Gemeinsamkeit in einer Art fataler
        Freundschaft,
Die sie ungelenk zu pflegen suchten.

Hans im Glück

Ich ging auf eine lange Reise,
Meine Hände hielten einen Barren Gold,
Den hatte ich verdient,
Der sollte mir nun Glück bescheren.

Auf der Reise bin ich
Einem Mann begegnet,
Der seit über fünfundvierzig Jahren
Einen Elefantenbullen
Wie sein eignes Leben hütete und pflegte.
Dieser Mann war sehr begabt
Und tauschte
Eine Zeichnung seines Elefanten,
Gegen meinen Barren Gold.

Das war mein Glück,
Denn danach traf ich eine Frau,
Die lebte über zwanzig Jahren schon
Als Leittier einer Elefantenherde,
Und sie tauschte mir
Ein leeres Tagebuch,
In das sie gern geschrieben hätte,
Gegen meine Zeichnung
Von dem Elefantenbullen.

Und ich hatte wieder Glück, denn
Schließlich war ich Gast in einer
Kleinen Küche,
Dort erfuhr ich von der Hausfrau,
Wenn sie nur auf diese eine Küchenleiste
Klopft, erscheint,
Seit sie vor drei Jahrzehnten
In dies Haus gezogen sei,
Gleich eine Spinne,
Die lebt dort versteckt.

Die Hausfrau tauschte mir ihr Wissen

Und Geheimnis gegen mein
Noch leeres Tagebuch,
Sie wollte darin
Alles niederschreiben.

So traf Glück auf Glück,
Denn als ich endlich heimkam,
War ich unbeschwert und frei
Und dankbar über so viel Glück,
Das ich bei anderen für mich
Gefunden hatte.

Cora

Cora steht als
Weißer Engel,
In der Größe einer jungen Frau,
Auf einem Sockel,
Weithin sichtbar, gleich am
Eingang und an einem guten Platz.

Sie starb, sagt man, an einer
Brustvergrößerungs-Op.,
War viel zu jung
Und viel zu schön für diesen frühen Tod.

Ihr Blick aus Material ist
Frauenweich und menschenfreundlich,
Über ihren Mund huscht leise nur ein
Wort, das kann man kaum
Verstehen.

Sehr viel weiter hinten, im Verborgenen,
Befindet sich der
„Garten der Frauen".

Unter dem Wacholderbaum

Sie lebte an der Küste.

In der Liebe hatte sie schon
Alles hinter sich:
Zu lieben und geliebt zu werden.

Nun jedoch hat sie ein Neuland,
Das sich lohnt, entdeckt:
Sie nimmt und gibt
Und gibt und nimmt.

Mit ihrem Körper leiht sie
Mutterschaft an andre aus.

So hatte sie beim ersten Mal
Den Garten und das Haus erworben.
Doch beim zweiten Mal
Lässt sie die Eltern warten.

Sie besinnt sich, wie es war,
Als sie mit fünfzehn Jahren
Schwanger wurde von dem Jungen,
Der hier Urlaub machte,
Den sie damals, als er nicht mehr
Wiederkam, in einem regionalen Wochenblatt,
Als wäre es normal,
Beschrieb und suchen ließ.
Das fanden alle süß,
Sie aber fügte sich den Eltern
Und brach ab.

Jetzt fand sie in dem neuen Haus
Auch einen alten Balken,
Der war hoch genug und fest
Und hielt das Seil.

Das Kind war nicht zu retten.

Man begrub es ungeboren in dem Garten
Unter dem Wacholderbaum.
Nur so, das war hier Brauch,
War neues Leben möglich.

Plötzlich saß und sang,
Wie aus dem Nichts, ein
Feuervogel in dem Baum,
Der blendete sie alle.
Niemand hatte solches je zuvor
Gesehen:
Unter dem Wacholderbaum
Lag ein gesundes Kind.

Es war kein Traum.

Sie war hinausgegangen auf das Meer,
Sehr weit,
Und hatte ihn getroffen.
Beide schwammen nicht
Und hatten auch kein Boot, nichts
Was sie hätte tragen können,
Und sie flogen nicht und schwebten nicht.

Sie hatte ihn an ihre Hand genommen
Und zu sich nach Hause.
Dort lag er nun neben ihr
Und hatte ihr schon beigewohnt
Und schlief ganz fest.
So konnte sie das erste Mal
Die Andersartigkeit an ihm betrachten.
Sie war stolz auf sich.
Wer geht schon so weit auf ein Meer.

Der Tag an dem ich den Mont Fuji sah

Es stellte sich bei mir ein großer
Frieden ein, ein Frieden mit mir
Selbst und dem Erleben um
Mich her.
Jedoch erwachte ich in ungewohnter
Helligkeit, die drang durch
Fenster und in einen Raum, den
Ich nicht kannte.
Niemand außer mir war hier,
Und draußen ließ die
Helligkeit nicht nach.
Es fiel auch auf, dass ich,
Obwohl die Sonne niedrig
Stand, im Zentrum eines Lichtes
War und keine Schatten warf.

Den ganzen Tag, das was ich für den
Tagesablauf hielt,
War Sonne allerseits.
Erst als ich müde wurde, nahm ich diesen
Zustand ernst und sah mich um.

Die Helligkeit, die Schatten
Nicht entstehen ließ, kam von zwei
Sonnen, die zur gleichen Zeit
Sich gegenüber standen.
Das war neu, ich kannte mich
Nicht aus und ging zurück zu meiner
Unterkunft.
Doch die war mir so fremd wie das was ich
Erlebte, fremd und unnatürlich,
Dass ich nicht zurück zu meinem
Frieden finden konnte.
Nach Erklärung wollte
Ich nicht suchen,
Fragen konnte ich nicht stellen,
Weil ich wesenlos geworden war.

Ich fand mich wieder draußen auf dem
Weg.
Mein Frieden wandelte sich in die
Umgestürzte, weiße Marmorstatue des
Engels eines Grabes aus
Vergangenem Geschehen.

Marianne auf dem Feld

Rapunzel war ihr kein Begriff,
Und deutsche Märchen las sie nicht,
Sie kam aus Polen,
Hatte langes, blondes, offnes Haar,
Das trug sie tags zum Zopf.

Im kaum mehr grünen Feld, von einem
Ungarn, der in Frankreich lebte,
Kümmerlich bestellt, schnitt sie
Im morgendlichen, kalten Wind
Den Feldsalat von angefrorner
Erde.

Manchmal kam jedoch, wenn sie den
Rücken streckte, und den Blick nach vorne hob,
Ein innerliches Glühen über sie,
Dann riss sie ihre Bluse auf und ihren rechten
Arm in Siegesgeste in die Höhe,
War „Marianne", die sich über
Menschen schwang, und sang in ihrer
Heimatsprache:
„Ich bin jung und frei und schön, die
Schönste hier aus meinem Land,
Und auch die Schönste überhaupt,
Ich reiße alle, alles mit!"

Danach wurd sie im Bauernhaus zur
Wäscherin der grünen Ernte.

Der Froschkönig

Sie war Tochter, jung und reich,
Die Welt hielt sie mit
Goldenen Karten in den Händen.
Ihre Spiele waren neu,
Vom Hubschrauberlandeplatz des
Höchsten Hauses ihrer Kette von Hotels schlug sie
Den Golfball, einen nach dem anderen,
Auf weit entfernte Ziele unter sich ins Wasser,
Aus Versehen aber auch die kleine Silberkugel,
Die mit Engelsharfenklang beim Fallen,
Und dem eingebauten Zufallsgenerator,
Großes Liebeglück verkündete.

Die Kugel war ihr Schatz,
Ein Himmel schien mit ihr
Für alle Zeit verloren und sie weinte bitterlich.
Sie schwor, den, der den Schatz ihr wiederbrächte,
Selbst zu ihrem Schatz zu machen.

In der Nähe hielt ein Rapper
Ausschau nach ganz neuen Texten,
Hörte ihren Schwur und
Ließ sie ihn erneuern,
Sich dazu noch einen Kuss
Und eine Nacht in ihrem Bett
Versprechen.

Er war Frosch, ein Kind des Wassers.
Seine Haare hatte er als Königskrone hochgestellt
Und war mit Heinrich, seinem Freund,
Dem Stummheit seinetwegen eisern seinen Mund
       verschloss,
Voll Tatendrang.
Er hatte ihre Silberkugel schnell entdeckt
Und brachte sie zurück.

Als er auf ihren Schwur bestand,

Gab sie ihm schnell den Kuss
Und stieß ihn dann,
Vom Dach des Hauses in sein Element.
Sie wollte nur die Kugel.

Dann jedoch, im letzten Augenblick,
Betört von einem wunderbaren Wandel
Seiner Augen, des Gesichtes, seiner Haut,
Riss sie ihn sich zurück.
Sie fühlte ihm sich plötzlich sehr vertraut
Und war für ihren ganzen Schwur bereit
Und schloss nach Frauenart die Augen.

Ganz behutsam spürte sie
Ein Liebesglück erwachen
Und ihr Herz zur Engelsharfe werden.

Ihre Silberkugel hielt sie fest an sich gedrückt,
Und dem getreuen Heinrich
Brach bei so viel Glück
Der Eisenring von seinem Mund.

Mauerblümchen

Hinten, weit in meinem Garten,
Kündigt sich der Frühling an
Und lässt auf einem Mauervorsprung
Eine Veilchenblüte wachsen,
Die entdecke ich an ihrem Duft
Von Sinnlichkeit und Liebelei zuerst.

Ich zögere, sie mir zu pflücken,
Weil sie ganz allein dort steht,
Und ich den violetten Hauch im ersten
Sonnenlicht des nahen Frühlingstages
Lassen und noch weiter
Lieben möchte.

Das kalte Herz

Ihr Herz lag lange schon
Versteckt im Kleiderschrank
Zuunterst bei den Wintersachen,
Neben Briefen, altem Schmuck und einem Amulett,
Darin war Haar von einem
Abgelegten,
Der war ihr noch ganz in Liebe zugetan,
Die er ihr immer wieder eingestand.
Trotzdem trat er ihr nicht zu nah,
Vielleicht aus Eigenschutz.

Sie wusste all das sehr genau.
Sie war Juristin und verdiente äußerst gut
Und lachte laut und oft, wenn Leute
Zwischen Recht und der Gerechtigkeit
Nicht unterscheiden konnten.
Sie erkannte gleich,
Dass es nur eines gab von beiden,
Das war immer Recht,
Das war auch stets auf ihrer Seite,
Dafür lag ihr Herz im Kleiderschrank,
Das hatte zu viel Herz gehabt
Sie hatte es für viele kalte
Paragraphen eingetauscht,
Die schlugen nun in ihrer
Brust.

In einer Laune junger Fraulichkeit,
Ein wenig auch im Übermut,
Gab sie auf dem Designersofa
Ihrer Lust und auch dem Drängen eines Mannes nach,
Der wunderbar erzählen konnte,
Seinen Worten Sinn und tiefes Fühlen gab,
Sie aber eigentlich mit dem Vibrieren seiner Stimme
In ein Liebesland entführte,
Etwas, dem sie nichts entgegensetzen konnte,
Außer sich und eine nie geahnte

Seligkeit, die ihr erwuchs und die
Voll süßer Schmerzen war.
Sie litt das erste Mal in ihrem Leben
Liebesqualen als er sie verließ,
Und sie ihm wenig später in der Stadt
Mit einer anderen begegnete.
Er war sehr freundlich und begrüßte sie
Und schob ihr damit eine Kröte in den Hals.
Sie weinte bitterlich als sie zu Hause war.
Das war ihr neu, sie schämte sich
Und sehnte sich nach ihrem warmen Herz
Als es noch Herz von ihrem Abgelegten war.
Der hatte, wie so oft, mit Blumen bei ihr angeklopft.

Als er sie nun erneut in seine Arme nahm,
Lief sie nicht durch ihn durch.
Er hielt sie fest, und sie entließ ihr
Herz aus seinem Winterschlaf
Und nahm es fest in ihre Hand.

Das Lächeln der Delfine

Heute Morgen fand ich in der Tageszeitung
Ein modernes, farbenfrohes Foto mit
Tiefrotgetränkter Bucht,
Mit Jägern, die im dunkelblauen
Wasserschutzanzug im
Himmelblau des kleinen, umgebauten
Fischerbootes standen,
Die dort, abgeschirmt von einem Vorhang
Japangrüner Blätterwände,
Silberbäuche lächelnder Delfine in dem Boot
Aufschlitzten,
Alles das vor schönem Felsenhintergrund,
Ein Foto, das dem Fotografen
Alle Ehre machte.

Tausendundeine Nacht

Die Kinderschaukel
Stand so seltsam ruhig
Vor dem Mond.

Im Garten war es viel zu eng
Für weite Sicht
Und doch glitt er mit
Sehnsuchtsvollen Augen
Über die Gebirge, die er
Auf der weißen Scheibe
Sah.
Die sollte schon einmal ein
Mensch betreten haben.

In das grelle Licht
Stieß eine Stange dieser Schaukel,
Daran hing der Anfang
Ein Seiles.

Jetzt war er dort oben
Astronaut an einem Kraterrand,
Zugleich ein Fremdling,
Irgendwo auf einem Blütenfest.
Hier fesselte zuerst
Die schwingende Bewegung einer Körperkünstlerin
Den Blick,
Doch dann verlor der sich in ihrem Rücken
In der Abendsonne,
Die war nah und stand in einem See
Und blendete.

Von seiner Medizin, die er noch
Regelmäßig nahm,
Versprach er sich sehr viel.

Abgespeichert

Als wir dich begruben,
Warst du einen Tag verstorben.
Beide großen Kriege hattest du noch miterlebt,
Im zweiten, damals, warst du eine reife Frau.

Wir waren hier nur Wenige
Und kamen von weit her.
Es war sehr kalt,
Der Himmel strahlend blau,
Der Frost stand in der Luft und in dem Boden,
Und man stellte deinen Sarg nun
Ebenerdig neben eine Stelle, die mit einer
Grünen Plane überdeckt war.
Alles andre sollte später folgen,
Wenn die größere Maschine
Für den Erdaushub gekommen wäre.
Das war uns zu spät,
Dann wären wir schon wieder abgereist.
Du wolltest keine Reden,
Nur ein schlichtes Kreuz aus Holz
Und auch kein Vaterunser.
Alles mussten wir versprechen.
Ich sprach leise einen
Kinderreim, der war in meinem Kopf.
Wir legten unsre Blumen auf den Sarg
Und sprachen übers Wetter,
Dass wir wegen unsrer Eile
Keine Trauerkleidung trugen,
Dass uns Fremde sehr behilflich waren,
Und verließen uns darauf,
Dass sie dich nachher ohne unser Beisein,
In die Erde lassen würden.

„Mutti" und den Namen dieses kleinen
Ortes habe ich noch vor der Rückfahrt
Abgespeichert.

Walther von der Vogelweide

„Wer schlägt den Löwen, schlägt den Riesen
Wer zwingt jenen und auch diesen…"

Es sind nicht die schönen Worte,
Die mir meine Narben glätten können,
Nicht die Medizin, die vielversprechend
Darauf tröpfelt,
Und es ist auch nicht das Rosenblütenblatt,
Das lautlos auf sie schneit.

Ja, ich bekenne meine Schuld,
Und ich verlange Strafe,
Doch man sieht sie nicht:
„So, wie du liebst, ist es normal."

Ich liebe nicht normal.

Der dunkle Rand am schwarzen Loch,
Ist mein Zuhause.
Manchmal wird mir federleicht,
Dann schwebe ich dahin,
Dann liebe ich die Welt
Und möchte mich umarmen.

Doch mit einem Schlag
Begegne ich mir selbst
Ganz tief in mir
Und in der größten Enge,
Frage nach, nach mir
Und dem Warum
Und drehe mich und wende mich
Und finde keinen Sinn.

Wenn ich mich selber zwänge…
Wüsste ich nur wie.

Dornröschen

Sie zog in den Süden, wo die Erde wärmer war,
Und wo das Blühen blühte,
Wo sie Rosen pflanzen, lieben,
Atmen und berühren konnte,
Und sie hatte schnell zwei Rosengärten, einen vor
Und einen hinter ihrem Reihenhaus.
Sie kannte alle Rosennamen,
Und die Blütenpracht in Rot und Rosa, Weiß
Und ganz besonders warmem Gelb,
Verwehte sanften Duft,
Ein Schatz, den sie tagaus, tagein
Als leichtes Sommerkleid empfand.
Die Leute nannten es das
Rosenhaus, weil vorne zwei der
Rosen über Fenster und die ganze
Hauswand bis hinauf aufs
Dach gewachsen waren.
Ihre Welt stand still.

An einem lauen Sonnentag jedoch
Durchbrach ein starker Arm
Den Wall von Dornen bis zu ihr.
Mit seinem ersten Kuss
Schloss er ihr alle Himmel wieder auf
Und sprach von ihren beiden Gärten, ihren Rosen,
Und wie lange sie schon
Tief in seinem Herzen wohnte,
Und wie schwer sie aufzufinden war.

Sie aber zog ihn langsam zu sich hin
Und flüsterte ihm in sein Ohr:
„Ich hab noch einen dritten
Rosengarten,
Der steht immer ganz in Blüte,"
Und es wuchsen schlanke Ranken ihm um
Leib und Schultern und an seinen Mund
Und hatten keine Dornen.

U.N.

Die Welt, in der sie lebte,
War die beste und die einzige.
Sie sprach nur Suaheli und war schwarz.
Vom Nachbarland war sie in dieses
Reservat geflohen,
Lebte dort im Busch
Und fing sich Fleisch in Fallen.

Mit der linken Brust
Gab sie dem Säugling reichlich Milch,
Die rechte hatte ein Soldat
Ihr einfach wie aus Lust,
Vom Leib getrennt.
Das dunkle Blut und ihre Haut
Ergaben sich, als er sie nahm.

Die Pergamenthaut ihrer Narbe
Hielt sie stets bedeckt.

Sie hatte Unterschlupf in einer Höhle,
Und darin, an einer Wand, zwei übergroße Zeichen,
Dass sie nicht die erste war.
Sie konnte lesen
Und verstand doch nicht den Sinn.

Das eine war ein Bogen,
Der nach oben öffnete,
Das andere ein Blitz,
Wie U und N.

Kleine Punkerin sucht Seemann Tim

Ich heiße Tanja.
Ich bin 14 Jahre alt, sechs Monate
Und dreiundzwanzig Tage.
Jahr für Jahr sind meine Eltern
An der Ostseeküste, hier in Damp, mit mir im Urlaub.
Eigentlich bin ich zu alt dafür.

Ich bin schon fast erwachsen,
Und beim ersten Mal war ich gerade
Zwölf.
Ich dachte damals viel darüber nach, doch dies
Ist anders, denn ich lernte einen lieben, süßen
Jungen kennen.
Er heißt Tim, ist etwa 17 Jahre alt und
Seemann auf dem Schiff des Vaters.
Ich war nie so glücklich.
Jeder Tag war eine Ewigkeit
Und dauerte trotzdem nur wenige Sekunden.
Dann, an einem Abend, hatte ich es eilig,
Sagte nur kurz „Tschüss" zu ihm.
Von da an war er fort.
Ich hoffte jeden Tag, dass er noch einmal kommen würde.
Doch er kam nicht mehr zurück.
Ich bitte Sie sehr herzlich, liebe Redaktion,
Um Hilfe, um Veröffentlichung
Meiner Suchanzeige:

Tim, ich suche dich!
Erinnerst du dich an die „kleine Punkerin"?
Ja, ich vermisse dich so sehr,
Und bitte melde dich bei mir.
Die Redaktion, „Von Mensch zu Mensch",
Hat meine Anschrift.

König Drosselbart

Ihr Vater hätte gern gesehen,
Dass sie sich verloben würde.
Die Gesellschaft fände das als gutes
Zeichen, und sie brauchte ja
Nicht gleich zu heiraten.
Die Firma lief sehr gut, so richtig gut,
Dass es ein Jammer wäre, wenn..

Er hatte auch schon Kandidaten für sie
Ausgesucht und wusste, dass das sehr
Gefährlich werden konnte:
Seine Tochter war in alle Richtungen
Verwöhnt und sehr verzogen.
Das war seine Schuld.
Das Risiko schien groß, denn sie nahm seinen Reichtum
Als ganz selbstverständlich hin,
Tat selber nur, was ihr gefiel und allen andren
Zwang sie ihren Willen auf.
Sie sah nicht ein, dass sie sich binden sollte.
Besser könnte sie es nur bei einem wirklich Reichen
        haben.
Männer waren ihr somit nicht wichtig,
Und sie hatte nur noch Spott und Hohn für sie.
Schon Äußeres, wie Kleidung, und die Sprache
Eines stillen Werbers, zog sie laut ins Lächerliche.

Dann, aus Übermut nahm sie sich einmal einen
Lückenbüßer, einen armen Musikanten.
Der gefiel ihr, weil er sein Gesicht
Versteckt hielt hinter einem Bart.
Trotzdem verspottete sie ihn als König Drosselbart.
Der Vater war darüber sehr erbost und schmiss sie und
        den
Unbedarften raus und
Setzte sie, zwei Mittellose, einfach auf die Straße.
Das quittierte die Gesellschaft mit viel Schadenfreude.

Notgedrungen hielt sie bei ihm aus, zunächst als
Besserwisserin:
„In meines Vaters Haus wär ich jetzt reich",
Doch willigte sie dann, zum Schluss,
In eine Heirat mit ihm ein,
Die war so ärmlich wie ihr ganzes, neues Leben,
Ohne weißes Kleid und ohne Strauß.
Nach Hause traute sie sich nicht zurück.

Ihr Mann war gut zu ihr und half ihr sehr
Und hatte selber nichts.
So lernte sie den Müllcontainer eines Supermarktes
Sehr zu schätzen.
Doch dann gab sie sich geschlagen und erkannte ihrer
    beider Not.
Sie floh deshalb von ihm und
Hatte Glück mit einer Arbeit in der Küche eines
Herrschaftlichen Hauses.
Dort bereitete man sich auf eine große Hochzeit vor.
Den Herrn des Hauses hatte sie noch nie gesehen,
Wer das Brautpaar war, blieb allen ein Geheimnis.
Daran war sie aber gar nicht intressiert, sie dachte jetzt
Nur noch in Liebe an den eignen Mann, den sie verlassen
Und wie unrecht sie an ihm gehandelt hatte.

An dem Tag der Heirat wurde sie zu ihrem
Herrn gerufen, der sah sehr gut aus und war ihr plötzlich
Wohlbekannt.
Der nahm sie diesmal richtig an die Hand
Als seine Braut im weißen Kleid mit einem Strauß
Aus roten Rosen und Rapunzeln und viel Schleierkraut.

Die Spülmaschine

Eines Abends hatten meine Frau und ich
Besuch von einem Nachbarn, den wir noch von früher
Und nur flüchtig kannten.

Er erzählte, wie er damals, selbst in gutem Mittelalter,
Eine junge Frau an seiner Seite hatte.
Ihr erschien er ziemlich reich.
Die junge Frau hielt ihren Schönheitsschlaf
Und jeden fern von ihrem Mann.
Sie wollte hoch hinaus
Und redete selbst nur mit Leuten ihrer Wahl.

Wir sahen sie trotzdem schon Mutter werden,
Ihre Sorge aber und die ganze Liebe
Galten nur den Katzen, die sie hatte.

Einmal sprach sie auch mit uns.
Das hatten wir noch nicht vergessen,
Denn wir sollten uns mit größter
Selbstverständlichkeit um ihre
Tiere kümmern, und sie kam, um
Diese Frage uns wie ein Geschenk zu überbringen.
Als Besucherin in unsrer Wohnung meinte sie,
Wie schön wir es hier hätten, mit dem Zusatz:
„Das macht mich erstaunt, denn das in Ihrem Alter…".
Damit war die Antwort für uns klar.

Nach fast zwei Jahren, fuhr er fort,
Ging alles wieder auseinander.
Es war seine zweite Ehe.
Er verlor das Haus und seine Arbeit
Und verzog in eine andre Stadt zu seiner Tochter.
Die war wegen seiner neuen Ehe noch voll
Hass und nahm ihn nicht in ihrer Wohnung auf.
Er hatte Herzprobleme, schon den dritten Bypass,
Und er rauchte trotzdem viel zu viel.

Bei Kaffee und ein wenig Kuchen
Sprudelte das alles so aus ihm heraus.
Er hatte große Pläne, wollte noch ins Ausland.
„Leute", sagte er, „mit meinem Wissen und mit der
Erfahrung, braucht man überall, die sind gefragt",
Und gab nicht auf.
Das alles hätte er nun endlich einmal
Irgendjemandem erzählen müssen.

Er gestand noch in der Tür,
Er hänge sehr an seiner ersten Frau und an der zweiten
Und an seiner Tochter.
Loszulassen fiele ihm so schwer.

Als er dann schließlich fortgegangen war,
Betraten wir wie automatisch unsre Küche,
Den benutzten Teller, die benutzte Tasse, den
Benutzten Kaffeelöffel in
Die Spülmaschine einzuräumen und sie
Einzuschalten.

Rattenkönig

In einem Kinderheim ersannen Kinder eine
Melodie und sie erfanden auch den Text dazu:
„Hier herrscht die Hungersnot,
Wir essen Hundekot,
Und Wasser trinken wir
Aus Kühlturm Nummer vier".

Sie waren oft und tagelang allein und
Ganz auf sich gestellt.
Die Großen hatten wieder mal ein neues
Spiel erdacht, das wurde an den Kleinen ausprobiert.
Die machten gerne mit.
So mussten sie sich auf den Boden eines Saales
Und wie Strahlen eines großen Sternes legen.
Ihre Zappelbeinchen zeigten alle in die Mitte.
Darum schlang ein Großer Seile
Und zog die mit einem Ruck,
Wie Fischer ihre Netze um den Fang,
Zusammen, dass nicht eines mehr entkommen konnte.
Das Geschrei war fürchterlich, denn selbst befreien
Konnten sie sich nicht, die Schlingen hielten sie gefangen.
Von den Großen hörten sie nur das
Gejohle, und dann liefen die davon.
Die Kleinen aber schluchzten laut und weinten und
Umschlangen sich so fest es ging,
Das brachte sie in schwere Not.
Es konnte keines von dem andren lassen,
Niemand konnte fort.

Es gab im Land sehr viele Ratten, dass es eine Plage war.
Die Tiere kamen auch nach hier und fielen gleich in
Scharen über diese Kleinen.
Denen blieb vor Schrecken jeder
Laut in ihren Mündern stecken.
Von den Tieren wurden wie in blindem Eifer
Alle Seile durchgenagt und durchgebissen,
Dass die Kinder hätten fliehen können.

Doch sie harrten wie gelähmt und krochen
Selbst nur knapp zur Seite.

Als die Großen schließlich wiederkamen
Und sich um die Kleinen kümmern wollten,
Fanden sie die noch im Stern
Um einen Kreis von toten Ratten sitzen,
Die in ihrer Mitte mit den Schwänzen fest verknotet,
Deren Körper wie verwachsen miteinander waren.
Keine hatte sich von einer anderen entfernen können,
Und sie waren elendig daran gestorben.

Bei den Kindern aber herrschte plötzlich mehr als
Wiedersehensfreude,
Und die Kleinen wurden nun die Großen,
Und die Großen waren stolz auf sie,
Auch wenn sie sich das alles nicht erklären konnten.
Von den großen Mädchen hatte eine eine
Pusteblume mitgebracht.
Von der blies sie die Samen über ihre Kleinen.

Eine dünne Schicht aus Staub

Du stehst in unsrem Zimmer, mir im Weg.

Es fällt die Abendsonne in den kleinen Garten,
Auf den Sandstein südländischer Platten zwischen
Einer nur halbhohen Felssteinmauer hinten,
Einer hell verputzten Backsteinwand ganz rechts und
Einer grauen Schwedenwand aus Holz zur Linken.
Rundherum entfaltet sich die Blütenfülle,
Aus Amphoren kommend, bis hoch an die Mauerränder,
Und quillt üppig über sie hinweg.

Im Zimmer und im Garten ist es
Wolkenstill.
Ich seh in diesem Augenblick
Durch dich hindurch und durch das große Fenster.
Dort entdecke ich den weißen Gartentisch,
Daneben, passend, an zwei Seiten Gartenstühle.
Auf den Sitzen stehen hängende Geranien.

Es ist alles eng, sehr eng und trotzdem weit genug
Für eine Bühne, die auf Auftritt wartet.

Du bleibst völlig unbewegt und wirst zum Teil
Des Gartens, wirst zu einer unwirklichen Statue,
Und ich erstarre, möchte mich nicht rühren,
Warte auf Beginn.

Es geht kein Wind, kein Blatt, das sich bewegt,
Und hier in unsren Raum
Fällt nur ein wenig von der Abendsonne.

Alles dauert sehr, sehr lange.
Ich bezweifel mich und dich
Und werde, um dir nah und gleich zu sein,
Wie du zu einer Steinfigur.
Ich hatte mich getäuscht.
Der Garten, du und ich und auch der Raum

Sind Gegenstände eines Stückes,
Das zu Ende ging.
Wir warten auf Applaus.
Der kam vielleicht und wenn, dann ist er lange schon
Verebbt.
Ich kann mich nicht nach hinten drehen,
Meinen Blick nicht in die Tiefe dieses Raumes
Schicken.
Niemand kommt, uns abzuräumen,
Und das Licht im Garten wird nicht
Ausgelöscht,
Und über Gartentisch und Stühle, über die Geranien,
Über dich und mich und alles
Hat sich eine dünne
Schicht aus Staub gelegt.

Mein schönstes Delfingedicht

„Ich bin Delfin
Und schwimm im Meer
Dahin.“
Das ist ein Kinderreim, den hat sich
Mama für mich ausgedacht,
Sie hat mir auch noch beigebracht,
Dass ich ein wenig anders bin als andere.

Ich habe eine Nylonschnur um meinen
Hals, die hatten wir zu Anfang nicht beachtet,
Doch sie wird mich langsam würgen,
Und sie hindert mich schon jetzt
Zu schwimmen und zu springen
Wie die anderen, und ganz zuletzt
Werd ich, obwohl ich doch
Ein Kind des Wassers bin,
An ihr in meinem Meer,
Ertrinken.

Alinas Traum

Du bist die ersten vierzehn Tage
Deines Lebens auf der Welt
Und heute zeigten uns die
Mama und dein Papa,
Dass du schon wahrhaftig träumst.
Wie schön wär es für uns,
Erahnten wir wovon.

Die Webcam schwenkte leicht
An dir vorbei, damit wir dich im Ausland
Besser sehen konnten, und die Mama sagte,
Dass du schon mit deinen Augen
Ihren Weg verfolgst.

Wir sehen, dass du deine Händchen
Ganz geschickt vom Mund an
Deine winzig kleine Nase führst,
Dass deine Fingerchen sich gegenseitig suchen
Und auch finden.
Hier, an unsrem Bildschirm streicheln wir dir
Wangen, Ärmchen und die Hand.

Ganz sicher ist, dass du die Welt erspürst,
Wenn du auf Papas Bauch ganz ruhig liegst
Und seitlich nachschaust, ob sich etwas regt,
Wenn deine Mama dich auf ihre Schulter legt
Und wenn du atmest, was dich schon dein
Ganzes Leben lang als schönster
Wohlgeruch begleitete.

Dann huscht ein Lächeln über dein Gesicht,
Das haben wir, so weit von dir entfernt, genau gesehen,
Und wir fragten fast ein wenig laut:
„Was sie wohl träumt,
Wovon, woran sie jetzt wohl denkt".

Die kleinen Augen bleiben unverhofft

In unsrem Blickfeld stehen,
Schauen für Sekunden und ganz ruhig in die Kamera
Als wollten sie uns Antwort geben,
Und es muss ein großer Augenblick gewesen sein,
Denn du schläfst ein.
Doch noch im Schlafen scheinst du wach
Und uns ganz nah bei dir zu wissen.

Träume deinen Traum.

Wir schalten die Verbindung lautlos ab
Und sind doch selbst noch lange
Etwas Traum von deinem
Traum.

Mein schönstes San Remo Gedicht

Du musst dir alles aufbewahren,
Was dir lieb und wertvoll ist.

Es muss nicht sein, dass ich mit
Teer an meinem blassen Fuß dem Meer entsteige
Und den weißen Strand
Und eine Promenade, ganz aus
Edlem Holz, am Ufer von San Remo
Schmierig mache und veröle.

In dem Chinaladen
Find ich eine Muschel aus Papier.
Die lege ins Wasser meines Zahnputzglases
Und sie öffnet sich und schenkt mir
Zwei, drei Fischlein, die an Fäden hängen,
Und die schwimmen mir vor Augen
Neben einer grünen Wasserpflanze.

Durch das Fenster fällt ein wenig Sonnenschein.

Die Schneekönigin

Sie erzählte mir die Sache so:
Ich war die Herrin vom Forellenhof
Und er, mein Kai, war damals noch sehr jung.
Er war verliebt in seine Nachbarin,
In Gerda, die war arm wie er
Und wusste nichts von Liebesdingen.
Ich erfüllte ihm die Wünsche, die er hatte,
Und auch meine.

Erst war ich die unnahbare Schneeprinzessin.
Dann die „Eisfrau aus dem Baikalsee".
Denn über diesen See hinweg war er
Die superlangen Trucks gefahren,
Wenn der zugefroren war.
Ich war das Bild in seinem Außenspiegel.
Immer war ich ihm vor Augen, bis der Frost
Den Spiegel abriss und in hunderttausend Stücke schlug.
Davon traf eines in sein Herz, ein andres in sein Auge.
Nun war ich für ihn die Königin in allen Dingen.
Ja, ich faszinierte ihn,
Ich habe ihn bekommen, nicht die andere.

Er hat für mich den Hof verwaltet
Und war Herr der Fische oben in den Bergen.
Seine Liebe hatte er mir fest versprochen,
Und die zugefrorenen Gewässer tief im Winter
Wurden seine Leidenschaft.
Dann sah er durch das klare Eis,
Weit unten auf dem Grund,
Forellen wie erstarrt, wie tot.

Das ging so Jahr für Jahr.
Doch eines Tages las ich in der Zeitung,
Dass er unsren Hof verkaufen wollte,
Und ich wusste nichts davon.
Er schlief auch nicht mehr in den Bergen
Bei den Teichen oder hier bei mir.

Wie ich erfuhr, schlief er seit fast zwei Jahren
Bei der Nachbarin aus alter Zeit.

Er hat mir einen Brief geschrieben,
Dass ihm seine erste Jugendliebe, Gerda,
Neu begegnet ist, dass er zu ihr zurückgefunden hat,
Dass sie ihm Herzenswärme schenkt
Und er in ihren Armen wieder weinen kann.
Das habe ihn von mir befreit.

Mit seinem Brief kam ein Geschenk für mich.
Nur eine winzig kleine Spiegelscherbe,
Klein wie Diamantensplitter, als der letzte
Stein im Mosaik des Wortes Ewigkeit.

Eigentlich bin ich nicht zimperlich

Das, was ich heute früh im
Radio hörte, war zu viel.

Auf meinem Lieblingssender gab man einer Frau
Gelegenheit von ihrem Aufenthalt im
Kongo zu erzählen.
Sie war Helferin und jung, organisiert, und ohne
Illusion dorthin gegangen.

Sie geriet jedoch bei ihrer Ankunft gleich in größte
Schwierigkeiten, denn die
Wellblechhütte, die man ihr und ein paar andren,
        überlassen hatte,
Stand seit Tagen unter der Bewachung schwer bewaffneter
        Milizen,
Die sie dort gefangen hielten.
Unter ihnen war ein schwarzes Mädchen, das mit vierzehn
Jahren sicherlich die Jüngste war.
Von der erfuhren sie, wie die Milizen ganz verschiedener
Parteien ständig um die Herrschaft kämpften, und ein

Wechsel innerhalb von Stunden möglich war.
Das Mädchen kam von sehr weit her, es sprach von
Zwanzig Tagesmärschen und berichtete auf Suaheli.

Mit noch Jüngeren und ohne Eltern hätten andere
Milizen sie gefangen und verschleppt, bei jeder
Rast und zwischen blutigen Gefechten und in jeder
Pause vergewaltigt.
Noch in ihrem Heimatdorf sei einer jungen Frau das
Baby aus dem Arm gerissen und an eine
Wand geschleudert worden:
„Es hat fürchterlich geschrien und war dann tot.“
Die Mutter habe man dann vor den
Augen der Verwandten vergewaltigt und die
Tante mit zwei Eisenstangen wohl getötet.
Einem Neffen von neun Jahren habe ein
Soldat den linken Arm mit der Machete abgeschlagen.
Von den anfangs fünf verschleppten
Mädchen wären sie nur noch zu zweit:
„Ich weiß nicht, wo die andren drei geblieben sind.“
Das Mädchen war ganz ruhig,
Tränen konnte es nicht weinen.

Nein, ich hab das Radio abgeschaltet.
Eigentlich bin ich nicht zimperlich,
Ich hab schon viel gehört.
Doch das versteh ich nicht:
Woher nimmt diese junge
Helferin den Mut und auch die Kraft ihr
Fähnchen: „Ich will helfen“, immer wieder
Hochzuhalten.

Er war Soldat
Und kam zurück aus einer
Andren Welt,
Und niemand lebte dort für ihn,
Für ihn war alles tot.

Die Weisungen bekam er aus
Ihm völlig fremder Stadt
Von einer Frau im Halbtagsjob,
Die vor dem Bildschirm saß,
Und ihn in seiner Sprache dirigierte,
Dass er Ausschau hielt nach einem
Etwas.

Einmal nur in dieser langen Zeit,
Und nur dies eine Mal
Sah er ein lichtdurchflutetes
Und übergroßes, menschenüberragendes und
Rosafarbenes Gebilde, das pulsierte als ein
Herz, das nach Umhüllung suchte,
Und er meldete es gleich.

Sonst lag er auf der Lauer,
Bis man ihn zurück nach Hause rief,
Und ihn betraf das alles nicht
Und ging ihn auch nichts an.

Fast liebevoll erinnerte er sich dann daran,
Dass er zuhause heimlich an der Rettung wilder
Tiere teilgenommen hatte
Und an dem Versuch,
Verirrte Meerbewohner neu zu orientieren.
Das war ihm sehr nah gegangen,
Das ging ihn viel an.

Honigweißer Duft

In unsrem kleinen Garten
Wächst ein Flieder.

Wenn er blüht und seinen Wohlgeruch
Verstreut, verwehen lässt,
Und wir ihn, Jägern gleich,
Erhaschen,
Soll er uns den Frühling bringen.

Jetzt steht seine weiße Pracht
An fingerdünnen Ärmchen seines Stammes,
Der entwächst nur einem Tongeschirr,
Vor einer weißen Wand
Mit einer weißen Leuchte, hoch auf einer
Feldsteinmauer,
Links geschützt von einem weißen Zaun,
Der ist ganz niedrig, weil wir alles
Größer wirken lassen wollen,
Rechts von einer hohen, weißen Mauer.

Honigweißer Duft des Flieders, weitet sich
Nun aus und quillt versteckt aus
Schweren Dolden,
Sinkt dann süßen Wolken gleich
Zu uns herab und bringt
Den ersten Frühlingstag.
Den hatten wir erhofft, erwünscht,
Herbeigesehnt,
Dass er nun kommen
Musste.

Ich bin Mensch

Ich bin Mensch
Und habe Kompetenz.

Wenn an den fernen Küsten,
Inseln der Karibik oder der Kanaren, starke Winde,
Fast schon Stürme wehen,
Jette ich mit meinen Freunden hin.
Wir wollen Kiten, Surfen oder uns mit
Andren Kräften messen
Ohne uns zu stressen,
Was wir brauchen sind nur
Meer und Wind.
Der Flug dahin geht schnell und
Kostet uns fast nichts und
Drei, vier Tage reichen da.

Wir sind sehr kompetent und lehnen
Auch das Fleisch von Tieren gänzlich ab,
Nicht nur, weil man sie oft so furchtbar quält,
Bis sie für uns getötet werden;
Nein, wir essen nur noch echten Lachs und Fleisch von
Wirklich jungen Kälbern,
Die in ordentlichen Boxen standen, oder Wild
Und auch Geflügel,
Das man nur im Freiland hielt.

Wir können nicht verstehen,
Dass sich andere nicht danach richten
Und, wie wir, ein ganz klein wenig
Auf ein wenig Mehr verzichten.

Mein schönster Traum von einem Meer

Ich hatte einen Traum von
Einem Meer.
Darin befanden sich in tiefem
Grund, auf Sand aus Gold,
Und eingetaucht in einen Wald
Aus unbewegten Lichtersäulen,
Fast im Sonnenbaden,
Kinder, die ganz ruhig
Und mit Augenleuchten,
Einem ungelesnen, lang verschollnen
Märchen lauschten.

Um sie her ein Wasserhimmel voller
Schmetterlinge, händegroß und riesenhaft,
Grell reflektierend, grün und gelb und rot,
Im Schweben, Gleiten, ohne jeden Flügelschlag,
Ein Stillstand des Erzählten.
Zwischen ihnen und daneben kleine Flügeltiere,
Die, in strengen Farbenmustern, taumelten,
Als Glasstaub schließlich endlos weit verwehten.

Über allem hing ein
Dünner, brauner, zäher, leicht bewegter Film aus Öl
Von Horizont zu Horizont, der brach das Licht in
Dunkelgoldne Streifen und in
Regenbogenfarben, die mit
Niedertropfendem Gewölk
Bis hier in diese Tiefe sanken.